ALPHONSE LEVEAUX

ÉTUDE SUR MOLIÈRE

LE MARIAGE FORCÉ. — LES FOURBERIES DE SCAPIN

COMPIÈGNE

IMPRIMERIE TYPOGRAPHIQUE HENRY LEFEBVRE

7, RUE DE LA CORNE-DE-CERF, 7.

1881

In the interest of creating a more extensive selection of rare historical book reprints, we have chosen to reproduce this title even though it may possibly have occasional imperfections such as missing and blurred pages, missing text, poor pictures, markings, dark backgrounds and other reproduction issues beyond our control. Because this work is culturally important, we have made it available as a part of our commitment to protecting, preserving and promoting the world's literature. Thank you for your understanding.

ALPHONSE LEVEAUX

—

ÉTUDE SUR MOLIÈRE

ALPHONSE LEVEAUX

ÉTUDE SUR MOLIÈRE

I

On est d'accord depuis près de deux siècles pour admirer le *Misanthrope, Tartufe, l'Avare* et les *Femmes savantes,* ces immortels chefs-d'œuvre de l'esprit humain. Mais les critiques se sont peu occupés des petites pièces de Molière et ne me semblent pas leur avoir accordé la part d'éloges qu'elles méritent. Boileau a été plus loin et beaucoup trop loin en faisant choix d'une situation purement comique et chargée des *Fourberies de Scapin,* situation qu'il cite mal, avec le sans-façon dédaigneux d'un critique maussade qui s'est à peine donné le temps de lire la pièce, pour refuser à Molière le premier rang parmi les auteurs comiques. Etrange erreur où, par une rare exception, Boileau se montre presque aussi pédant et gourmé que M. Lysidas, le poëte de la *Critique de l'Ecole des Femmes !* Non, Molière n'a pas

> Quitté pour le bouffon, l'agréable et le fin,
> Et sans honte à Térence allié Tabarin.

Molière dans ses pièces en un acte, a élargi tout ce qu'il a touché et n'a pas cessé un seul instant, même au milieu des situations les plus comiques, de peindre d'après nature, de faire reconnaître, comme il le dit lui-même, les hommes de son siècle, et d'employer son intarissable gaieté à *faire rire les honnêtes gens.* Faire rire les honnêtes gens ! Ces quelques mots n'ont-ils pas une portée philosophique que certainement Boileau n'a pas bien comprise ? Il est vrai qu'il y a beaucoup d'honnêtes gens qui n'aiment pas à rire et nous devons croire que Boileau était de ceux-là.

Prenons cette fois deux des pièces de Molière les plus gaies et les moins importantes, le *Mariage forcé* et les *Fourberies de Scapin*, et nous y reconnaîtrons, presque à chaque scène, une foule de qualités exquises, la science consommée du théâtre, un dialogue plein de naturel, une verve étourdissante, et plus encore, le poëte comique guidé à chaque pas et sans cesse dominé par l'esprit profondément observateur du grand moraliste.

II

LE MARIAGE FORCÉ

Le *Mariage forcé* vient après la *Princesse d'Elide* et fut joué sur le théâtre du Palais Royal le 3 février 1664. A la cour, où il avait été représenté, sous le titre de *Ballet du Roi*, le 29 janvier de la même année, on lui préféra la *Princesse d'Elide*. Il n'en fut pas de même à la ville et cette fois la ville avait raison.

La première scène du *Mariage forcé* n'a que cinq lignes et contient un excellent trait : « Si l'on « m'apporte de l'argent, dit Sganarelle, que l'on me « vienne quérir vite chez le seigneur Géronimo, « et si l'on vient m'en demander, qu'on dise que « je suis sorti, et que je ne dois revenir de toute « la journée. »

La scène suivante est tout simplement une des meilleures de Molière. Qui ne l'a lue dix fois et qui n'est prêt à la relire encore ? Ne craignons donc pas d'en parler. Il est certains sujets qu'on ne saurait épuiser ; et puis, relire est pour ceux qui ont beaucoup lu un plaisir sûr, préféré et qui ne trompe pas. Sganarelle demande donc au voisin Géronimo s'il fera bien de se marier et quel est son avis là-dessus.

GÉRONIMO.

Je vous prie auparavant de me dire une chose.

SGANARELLE.

Eh quoi ?

GÉRONIMO.

Quel âge pouvez-vous bien avoir maintenant ?

SGANARELLE.

Ma foi, je ne sais ; mais je me porte bien ?

GÉRONIMO.

Quoi, vous ne savez pas à peu près votre âge ?

SGANARELLE.

Non. Est-ce qu'on songe à cela ?

Or le Seigneur Géronimo prouve bel et bien au seigneur Sganarelle qui ne sait pas son âge, qu'il en est environ à sa cinquante-deuxième ou cinquante-troisième année et qu'il est trop tard pour songer au mariage et se charger de la plus pesante des chaînes.

« Et moi, lui répond Sganarelle, je vous dis que je suis résolu de me marier et que je ne serai pas ridicule en épousant la fille que je recherche.

GÉRONIMO.

Oh ! c'est autre chose ! vous ne m'aviez pas dit cela.

SGANARELLE.

C'est une fille qui me plaît et que j'aime de tout mon cœur.

GÉRONIMO.

Vous l'aimez de tout votre cœur ?

SGANARELLE.

Sans doute, et je l'ai demandée à son père. C'est un mariage qui doit se conclure ce soir et j'ai donné ma parole.

GÉRONIMO..

Oh ! mariez-vous donc. Je ne dis plus mot et je vous conseille de vous marier le plus vite que vous pourrez.

SGANARELLE.

Tout de bon, vous me le conseillez ?

GÉRONIMO.
Assurément. Vous ne sauriez mieux faire.
SGANARELLE.
Vraiment, je suis ravi que vous me donniez ce conseil en véritable ami.

Et Sganarelle tout joyeux invite le voisin Géronimo à ses noces. Mais cette joie dure peu. Dorimène, sa future, la fille du seigneur Alcantor, la trouble vite en lui expliquant comment elle entend agir, une fois que Sganarelle l'aura épousée.

Mais, qu'avez-vous? dit Dorimène. Je vous vois tout changé de visage.
SGANARELLE.
Ce sont des vapeurs qui me viennent de monter à la tête.
DORIMÈNE.
C'est un mal aujourd'hui qui attaque beaucoup de gens; mais votre mariage dissipera tout cela. Adieu; il me tarde déjà que je n'aie des habits convenables pour quitter ces guenilles. Je m'en vais de ce pas achever d'acheter toutes les choses qu'il me faut et je vous enverrai les marchands.

Sganarelle n'est plus du tout pressé de se marier et parle au voisin Géronimo d'un songe qu'il a fait et qui a singulièrement calmé son ardeur: « Vous savez, ajoute-t-il, que les songes sont comme des miroirs où l'on découvre quelquefois tout ce qui nous arrive. Mais Géronimo, lui qui représente le bons sens de Molière lui-même, répond qu'il n'entend rien aux songes et engage Sganarelle à consulter deux savants, deux philosophes, ses voisins, qui sont gens à lui débiter tout ce qu'on peut dire sur ce sujet.

Sganarelle, resté seul, se dispose à suivre cet avis, quand survient le docteur Pancrace, tout ému d'une querelle qu'il vient d'avoir avec un autre docteur qui prétend, contre tous les éléments de la raison, qu'on doit dire la forme et non la figure d'un chapeau. La scène est pleine de verve et fait rire aux éclats. Oui, sans doute, c'est là ce que voulait Molière. Mais entraînés par la gaieté irrésistible de l'auteur comique, voyons-nous bien ce qu'il y a de sérieux et de profondément observé dans cette sixième scène du *Mariage forcé* ? Le docteur Pancrace est un extravagant, direz-vous; on ne peut le prendre au sérieux. Eh mon Dieu ! il lui faudrait bien peu chose pour cesser d'être amusant et n'être plus qu'un vrai savant, un type qui appartient à tous les temps, à la Grèce, à Rome au siècle de Louis XIV et à l'Académie actuelle des sciences morales et politiques, un savant plein d'orgueil et de dédain pour ce qu'il n'a pas appris. Les propositions de la forme et de la figure d'un chapeau sont ridicules, je le veux bien; mais mettons-nous donc un peu à chercher ensemble dans le tas des propositions saugrenues qui, vers les hautes régions de la philosophie scolastique, ont produit des milliers de volumes, et pour ne pas nous attrister, gardons-nous, à propos du *Mariage forcé* de Molière de parler des stupidités politiques et religieuses qui ont fait couler des flots de sang. Quant à prétendre que Pancrace est un faux savant, je le nie et j'en donne pour preuve la justesse et la rigoureuse exactitude des expressions dont il se sert. Il n'est permis qu'à un vrai savant de parler ainsi, et c'est encore là une des supériorités de Molière. Médecin, savant, légiste, il est ce qu'il veut être, et toutes ces questions diverses, il les traite avec une sûreté d'exécution, une fermeté de touche qui sembleraient avoir exigé de longues études spéciales. Le docteur Pancrace prétend que la proposition de son adversaire est condamnable dans toutes les terres de la philosophie. « Sais-tu bien que tu as fait, s'écrie-t-il, un syllogisme *in balordo* !... La majeure en est inepte, la mineure impertinente, et la conclusion ridicule ! »

SGANARELLE.

Seigneur docteur, ne songez plus à tout cela.... Je viens vous consulter sur une affaire qui m'embarrasse. J'ai dessein de prendre une femme pour me tenir compagnie dans mon ménage. La personne est belle et bien faite. Elle me plaît beaucoup et est ravie de m'épouser. Son père me l'a accordée ; mais je crains un peu ce que vous savez, la disgrâce dont on ne plaint personne ; et je voudrais vous prier, comme philosophe, de me dire votre sentiment. Hé ! quel est votre avis là-dessus ?

PANCRACE.

Plutôt que d'accorder qu'il faille dire la forme d'un chapeau, j'accorderais que *datur vacuum in rerum natura* et que je ne suis qu'une bête.

Le docteur Pancrace parle ici d'une question longtemps débattue parmi les philosophes. Plutôt que d'accorder qu'il faille dire la forme d'un chapeau, il cesserait d'être cartésien et de nier que le vide pût exister dans la nature et admettrait avec les newtoniens que les espaces célestes sont dans le vide, puisque les corps qui les parcourent ne paraissent éprouver aucune résistance. Plus loin, quand il dit à Sganarelle : « Vous voulez peut-être savoir si la substance et l'accident sont termes synonymes ou équivoques à l'égard de l'être ?.... S'il y a dix catégories, ou s'il n'y en a qu'une ?.... Si l'essence du bien est mise dans l'appétibilité ou dans la convenance ?.... Si le bien se réciproque avec la fin ?... Si la fin nous peut émouvoir par son être réel ou par son être intentionnel ? » ... Il cite là diverses propositions de la philosophie scolastique qui ont rempli de gros volumes et ne bronche pas un instant sur l'exacte propriété des termes. Une des grandes tentations de l'esprit humain fut toujours de s'élancer à la recherche de l'inconnu et d'expliquer ce qui est inexplicable. Combien de systèmes se sont produits sur la substance et l'accident ! De tout temps la philosophie a longuement traité ce sujet, en se maintenant toujours dans l'obscurité traditionnelle du genre. A peine pouvez-vous voir dans la pénombre de ses définitions la lueur d'une idée nette et saisissable. Quant aux dix catégories, elles sont rangées dans l'ordre suivant : substance, quantité, qualité, relation, lieu, temps, situation, possession, action, passion. Les sucesseurs d'Aristote y ajoutèrent cinq catégories accessoires ou post-prédicaments. Le célèbre philosophe allemand Emmanuel Kant, longtemps après Aristote, deux mille deux cents ans environ, subdivisa trois de ces catégories. Mais vous pensez bien que depuis Aristote jusqu'au docteur Pancrace, les philosophes n'ont pas laissé chômer la question des catégories. Que reste-t-il, bon Dieu, de tout cela ? Rien ou peu de chose, et des savants grecs, latins, anglais, allemands, français, les noms seront presque tous oubliés, alors qu'on parlera et qu'on rira encore du docteur Pancrace, *homme d'érudition, homme de suffisance, homme de capacité, homme consommé dans toutes les sciences naturelles, morales et politiques*, etc., etc.

Mais avant de quitter le docteur Pancrace, n'oublions pas un excellent trait de comédie, une observation qui appartient à tous les temps. Pancrace, mécontent, furieux de voir se produire impunément une opinion contraire à la sienne, s'en prend au gouvernement. Comme on dirait de nos jours, il fait de l'opposition. « Ah ! seigneur, Sganarelle, s'écrie-t-il, tout est renversé aujourd'hui ; une licence épouvantable règne partout et les magistrats « qui sont établis pour maintenir l'ordre dans cet état, devraient rougir de honte en souffrant un scandale aussi intolérable ! »

Comme cela est vrai ! Jetez un moment les yeux sur la foule des mécontents ; voyez partout, dans les arts, dans les lettres, dans l'industrie, dans les fonctions publiques, tous ceux qui restent en chemin, peintres, poëtes, journalistes, avocats, romanciers, auteurs dramatiques, commerçants, gens de bureau, que diront-ils demain, tant que le succès ne sera pas venu les prendre par la main et les convertir : c'est la faute du gouvernement !

Certes, il y a bien des pensées sérieuses dans un éclat de rire de Molière.

Sganarelle fort peu satisfait du docteur Pancrace se décide pourtant à aller trouver son confrère le docteur Marphurius : « Il est posé, dit-il, et plus raisonnable. »

En effet le docteur Marphurius ne ressemble en rien à son bouillant confrère. Il appartient à un autre genre de la famille des savants. Le docteur

Pancrace est bouffi d'orgueil, bavard, et ne sait pas écouter les gens. Il est vrai que savoir écouter est une qualité très rare et pourtant très utile. Savoir écouter, c'est se donner une grande force, c'est prendre le temps d'observer, de réfléchir et de répondre juste. Savoir écouter, c'est faire que dans la conversation les autres soient contents de nous et d'eux-mêmes. Vous reconnaissez ici un emprunt fait à La Bruyère, un grand moraliste aussi, qui marche à peu de distance de notre premier poëte comique. Je m'étonne que dans un temps positif comme le nôtre, nous ne sachions pas mieux écouter qu'autrefois et que nous renoncions étourdiment à tous les avantages qu'on peut tirer de cette qualité-là.

Le docteur Marphurius, lui, écoute parfaitement. C'est un homme calme et qui n'a qu'un petit défaut, c'est de pousser le scepticisme un peu trop loin. Il est pyrrhonien, mais tout ce qu'il y a de plus pyrrhonien ; pyrrhonien plus que Pyrrhon lui-même, le philosophe grec qui niait tout ou ne niait rien ; ce qui est absolument la même chose. Exemple : il n'est pas vrai qu'il y ait du mouvement, il n'est pas vrai non plus que le mouvement soit impossible; car il n'y a rien de vrai ; ou bien : il est vrai qu'il y a du mouvement, il est également vrai que le mouvement est impossible ; car tout est vrai. En digne disciple du philosophe Pyrrhon, le docteur ne veut pas que Sganarelle dise qu'il est venu pour lui demander conseil, mais qu'il lui semble qu'il est venu.

SGANARELLE.

Il me semble ?

MARPHURIUS.

Oui

SGANARELLE.

Parbleu, il faut bien qu'il me semble, puisque cela est.

MARPHURIUS.

Ce n'est pas une conséquence et il peut vous le sembler, sans que la chose soit véritable.

SGANARELLE.

Comment ? il n'est pas vrai que je suis venu ?

MARPHURIUS.

Cela est incertain et nous devons douter de tout.

SGANARELLE.

Quoi ? Je ne suis pas ici et vous ne me parlez pas ?

MARPHURIUS.

Il m'apparaît que vous êtes là et il me semble que je vous parle ; mais il n'est pas assuré que cela soit.

SGANARELLE.

Hé ! que diable ! Vous vous moquez. Me voilà et vous voilà bien nettement et il n'y a pas de *me semble* à tout cela. Laissons ces subtilités, je vous prie, et parlons de mon affaire. Je viens vous dire que j'ai envie de me marier.

MARPHURIUS.

Je n'en sais rien.

SGANARELLE.

Je vous le dis.

MARPHURIUS.

Il se peut faire......

Quel excellent dialogue ! quel naturel, quelle justesse et comme tous les mots portent ! Je m'arrête à regret et voudrais citer la scène entière. Vous savez comme elle finit. Sganarelle bat le docteur qui jette les hauts cris : « Comment ! quelle insolence ! m'outrager de la sorte ! avoir eu l'audace de battre un philosophe comme moi ! »

SGANARELLE.

Corrigez, s'il vous plaît, cette manière de parler. Il faut douter de toute chose et vous ne devez pas dire que je vous ai battu, mais qu'il vous semble que je vous ai battu.

Sganarelle veut absolument connaître la destinée de son mariage et pense à aller consulter un magicien, lorsque, sans être vu, il entend une conversation entre Dorimène et Lycaste où il est traité de barbon « qui mourra avant peu et qui n'a tout au plus que six mois dans le ventre. » C'est Dorimène qui parle ainsi et je ne puis m'empêcher de lui en faire reproche. Je voudrais, et ce n'est pas trop exiger, que la belle Dorimène, la fille du seigneur Alcantor et la sœur d'un certain Alcidas « qui se mêle de porter l'épée, » mît un peu plus de soin et de délicatesse dans le choix de ses expressions. Oh! cette fois, Sganarelle tout-à-fait dégoûté de son mariage, ne songe qu'à se dégager de sa parole et va frapper à la porte de la maison d'Alcantor.

ALCANTOR.

Ah! mon gendre, soyez le bien venu! Vous venez pour conclure le mariage.

SGANARELLE.

Excusez-moi.

ALCANTOR.

Je vous promets que j'en ai autant d'impatience que vous.

SGANARELLE.

Je viens ici pour un autre sujet.

ALCANTOR.

J'ai donné ordre à toutes les choses nécessaires pour cette fête.

SGANARELLE.

Il n'est pas question de cela.

Et la scène continue, merveilleusement dialoguée, offrant le modèle le plus franc, le plus vrai du comique de caractère et de situation. Sganarelle cherche à se faire refuser; Alcantor ne veut pas le comprendre et tient absolument à l'avoir pour gendre. Enfin, à bout de raisons, Sganarelle déclare qu'il ne veut pas se marier. « Les volontés sont libres, répond Alcantor, et je suis homme à ne contraindre jamais personne. Vous vous êtes engagé avec moi pour épouser ma fille et tout est préparé pour cela; mais puisque vous voulez retirer votre parole, je vais voir ce qu'il y a à faire et vous aurez bientôt de mes nouvelles. »

Sganarelle est ravi et se croit tiré d'affaire à bon marché, mais il compte sans le fils du seigneur Alcantor qui vient, de l'air le plus doucereux du monde, lui présenter deux épées en lui disant: « Monsieur, prenez la peine de choisir de ces deux épées laquelle vous voulez. »

SGANARELLE.

De ces deux épées ?

ALCIDAS.

Oui, s'il vous plaît.

SGANARELLE.

A quoi bon?

ALCIDAS.

Monsieur, comme vous refusez d'épouser ma sœur après la parole donnée, je viens vous dire civilement qu'il faut, si vous le trouvez bon, que nous nous coupions la gorge ensemble.

Sganarelle n'est pas brave. Battu par Alcidas et ne voulant pas s'exposer à recevoir un coup d'épée, il faut bien qu'il épouse la jeune Doriméne, « si galante et si bien parée, au risque d'éprouver la disgrâce dont on ne plaint personne. » Maintenant, à vrai dire, le parti le plus sage pour lui, c'est de se faire philosophe pyrrhonien. La consultation du docteur Marphurius lui aura servi à quelque chose et il regrettera sans doute les coups de bâton qu'il lui a donnés.

III

LES FOURBERIES DE SCAPIN

On lit dans la vie de Molière par Grimarest : « *Les Fourberies de Scapin* parurent le 24 de mai, 1671, et la *Comtesse d'Escarbagnas* fut jouée à la cour au mois de février de l'année suivante, et à Paris le 8 de juillet de la même année. Tout le monde sait combien les bons juges et les gens de goût délicat se récrièrent contre ces deux pièces ; mais le peuple, pour qui Molière avait eu l'intention de les faire, les vit en foule et avec plaisir. »

L'œuvre de Grimarest est remplie de détails d'un grand intérêt et a bien la couleur du temps. Baron, le comédien, l'élève de Molière, y a contribué et et c'est peut-être ce qui nous met le mieux à à même de voir Molière dans sa vie privée, de connaître son caractère, ses habitudes de travail et ses tourments de mari jaloux, mais ayant, hélas! trop de raisons de l'être. Seulement il faut convenir que Grimarest et son collaborateur Baron sont de pauvres critiques. Par exemple, ils donnent les plus vifs éloges à la *Princesse d'Elide;* mais s'il s'agit du *Festin de pierre,* admirable comédie dont quelques scènes sont dignes de Corneille, nos critiques, qui sans doute se croyaient les bons juges et les gens de goût délicat, approuvent Molière d'avoir eu la prudence de ne pas faire imprimer cette pièce. S'il parlent du *Mariage forcé,* du *Médecin malgré lui,* des *Fourberies de Scapin,* vous venez de le voir, c'est encore bien autre chose : ces pièces-là ont été faites pour le peuple. Ils n'en disent rien de plus.

Le peuple, c'est-à-dire le parterre, ne faisait pas le dégoûté, lui, et certes il avait bien raison. Il applaudissait aux farces de Molière et les jugeait, comme le dit Dorante de la *Critique de l'École des Femmes,* « par la bonne façon d'en juger, qui est de se laisser prendre aux choses et de n'avoir ni prévention aveugle, ni complaisance affectée, ni délicatesse ridicule. »

A la tête des adversaires des *Fourberies de Scapin* il faut, bien entendu, placer Boileau, et nous savons tous ces deux vers de l'Art poétique :

> Dans ce sac ridicule où Scapin s'enveloppe
> Je ne reconnais plus l'auteur du *Misanthrope*

Eh bien! les deux premiers actes de cette pièce ridicule se composent de dix-neuf scènes, encore en en comptant plusieurs de quelques lignes seulement, et, sur ces dix-neuf scènes, huit se font remarquer par d'éminentes qualités et suffiraient seules à rendre impérissable le nom d'un auteur comique. C'est une comédie d'intrigue imitée en partie du *Phormion* de Térence. L'action en est compliquée vers la fin. Certains incidents ne sont pas suffisamment expliqués, c'est possible ; mais l'ennui vient vite au théâtre et c'est là ce que Molière redoutait le plus. Faisons toutefois cette remarque qu'avec des préparations mieux étudiées et en ne donnant pas si belle part à la verve entraînante de son personnage principal, Molière aurait pu faire des *Fourberies de Scapin* une pièce sérieusement intéressante. Dès la seconde scène, le récit d'Octave parlant à Scapin de la charmante Hyacinthe, la vraie sœur des Lucile, des Marianne et des Elise, est dramatique dans la meilleure acception du mot et de tout point admirable. Un acteur habile y toucherait les cœurs et se ferait applaudir de la salle entière. Jeunesse, grâce, passion, larmes, poésie, il y a de tous ces précieux éléments de l'intérêt dramatique dans cette scène écrite du meilleur style, avec une clarté parfaite et une grande puissance de relief. En voici quelques fragments. Le drame le mieux fait ne parle pas un langage plus touchant.

.... « Quelque temps après, dit Octave à Scapin, Léandre fit rencontre d'une jeune Egyptienne dont il devint amoureux. Comme nous sommes grands amis, il me fit aussitôt confidence de son amour et me mena voir cette fille, que je trouvai belle à la vérité, mais non pas tant qu'il voulait que je la trouvasse.
.... Un jour que je l'accompagnais pour aller chez les gens qui gardent l'objet de ses vœux, nous entendîmes, dans une petite maison d'une rue écartée, quelques plaintes mêlées de beaucoup de sanglots. Nous demandons ce que c'est. Une femme nous dit que nous pouvions voir là quelque chose de pitoyable en des personnes étrangères et qu'à moins d'être insensibles, nous en serions touchés.... La curiosité me fit presser Léandre de voir ce que c'était. Nous entrons dans une salle où nous voyons une belle femme mourante, assistée d'une jeune fille toute fondante en larmes, la plus belle et la plus touchante qu'on puisse jamais voir.... Une autre aurait paru effroyable, en l'état où elle était ; car elle n'avait pour habillement qu'une méchante petite jupe, avec des brassières de nuit qui étaient de simple futaine ; et sa coiffure était une cornette jaune, retroussée au haut de la tête, qui laissait tomber en désordre ses cheveux sur ses épaules ; et cependant, faite comme cela, elle brillait de mille attraits et ce n'était qu'agréments et que charmes que toute sa personne. Si tu l'avais vue dans l'état que je te dis, tu l'aurais trouvée admirable.... Ses larmes n'étaient pas de ces larmes désagréables qui défigurent le visage ; elle avait à pleurer une grâce touchante et sa douleur était la plus belle du monde. Elle faisait fondre chacun en larmes en se jetant amoureusement sur le corps de cette mourante qu'elle appelait

sa chère mère et il n'y avait personne qui n'eût l'âme percée de voir un si bon naturel..... Après quelques paroles dont je tâchai d'adoucir la douleur de cette charmante affligée, nous sortîmes de là ; et demandant à Léandre ce qu'il lui semblait de cette personne, il me répondit froidement qu'il la trouvait assez jolie. Je fus piqué de la froideur avec laquelle il m'en parlait...... »

Ce dernier trait est charmant et c'est bien là le langage de l'amant qui exige que nous voyions comme lui toutes perfections dans celle qu'il aime, et en même temps quelle ingénieuse et délicate contre-partie ! Tout à l'heure Octave se plaignait de Léandre qui chaque jour ne l'entretient que de sa maîtresse, lui exagère à tous moments sa beauté et sa grâce et le querelle quelquefois d'être peu sensible aux choses qu'il lui vient dire ; maintenant Octave se plaint encore de Léandre, parce que Léandre a dit froidement qu'il trouvait Hyacinthe assez jolie. Rien de plus vrai, de mieux observé. Léandre ne voit rien de charmant au monde que Zerbinette. Octave n'admet pas qu'on puisse ne pas admirer Hyacinthe. Tous les amoureux sont ainsi, et c'est encore un trait du caractère humain que Molière a dessiné là d'un crayon fin et gracieux.

La scène suivante est pleine de tendresse aimable et contenue de la part d'Hyacinthe et d'ardentes protestations de la part d'Octave. Scapin, le sceptique Scapin lui-même en est ému, touché : « Elle n'est point tant sotte, ma foi, dit-il, et je la trouve assez passable. »

OCTAVE, montrant SCAPIN.

Voilà un homme qui pourrait bien, s'il le voulait, nous être d'un secours merveilleux.

SCAPIN.

J'ai fait de grands serments de ne me mêler plus du monde ; mais si vous m'en priez bien tous deux, peut-être.....

OCTAVE.

Ah ! s'il ne tient qu'à te prier bien fort pour obtenir ton aide, je te conjure de tout mon cœur de prendre la conduite de notre barque.

SCAPIN à HYACINTHE.

Et vous ! ne me dites-vous rien ?

Hyacinthe.

Je vous conjure, à son exemple, par tout ce qui vous est le plus cher au monde, de vouloir servir notre amour.

Scapin.

Il faut se laisser vaincre et avoir de l'humanité. Allez, je veux m'employer pour vous.

Et après s'être donné le plaisir de se faire un peu prier par les beaux yeux de l'aimable Hyacinthe, le voilà prêt à se brouiller une fois de plus avec la justice, pour servir la cause de deux jeunes cœurs dans leurs honnêtes et sincères amours. C'est à la sixième scène qu'il attaque franchement la partie, scène très développée, de près de cent quatre-vingt lignes, dialogue merveilleusement fait, où Molière est et restera à tout jamais inimitable. Il avait donné au public de son temps et à celui des siècles à venir le *Misanthrope, Tartufe, l'Avare* et d'autres chefs-d'œuvre encore, quand il fit en se jouant les *Fourberies de Scapin*. Notre premier poëte comique, ou, pour mieux dire, le premier de tous les poëtes comiques était alors à l'apogée de son génie. Il ne fallait rien moins pour écrire ce dialogue entre Argante et Scapin. Relisez-le ; car en vérité je ne puis le citer ; je referais une édition de Molière. C'est la perfection même et la part de l'idée sérieuse et philosophique y est faite.

Que viens-tu me conter, dit Argante, mon fils n'a pas tant de tort de s'aller marier de but en blanc avec une inconnue ? »

Scapin.

Que voulez-vous ? Il y a été poussé par sa destinée.

Argante.

Ah ! ah ! voilà une raison la plus belle du monde ! On n'a plus qu'à commetre tous les crimes imaginables, tromper, voler, assassiner, et dire pour excuse qu'on y a été poussé par sa destinée.

En écoutant causer entre eux les personnages de Molière, ne serait-on pas souvent tenté de prendre la fiction pour une réalité, de croire que ces gens-là, Argante, Géronte, Chrysale, Orgon, agissant dans une des mille situations absolument vraies de la vie, parlent pour tout de bon de leurs affaires, et qu'enfin théâtre, public, auteur, comédiens, la rampe, le lustre, le décor, tout cela n'est plus qu'un rêve importun de notre imagination.

Le second acte commence par une excellente scène entre Géronte et Argante, et la leçon donnée par Argante à Géronte trouverait à chaque instant à se placer, toutes les fois, par exemple, que le blâme que nous infligeons aux autres se traduirait facilement par un éloge indirect que nous nous adressons à nous-mêmes.

Géronte a la prétention d'avoir parfaitement élevé son fils et se complaît à blâmer Argante d'avoir mal élevé le sien :

Ma foi, seigneur Argante, voulez-vous que je vous dise ? L'éducation des enfants est une chose à laquelle il faut s'attacher fortement.

ARGANTE.

Sans doute. A quel propos cela ?

GÉRONTE.

A propos de ce que les mauvais déportements des jeunes gens viennent le plus souvent de la mauvaise éducation que leurs pères leur donnent.

ARGANTE

Cela arrive parfois. Mais que voulez-vous dire par là ?

GÉRONTE.

Je veux dire que si vous aviez, en brave père, bien morigéné votre fils, il ne vous aurait pas joué le tour qu'il vous a fait.

ARGANTE.

Fort bien. De sorte que vous avez bien morigéné le vôtre ?

GÉRONTE.

Sans doute, et je serais fâché qu'il m'eût rien fait approchant de cela.

ARGANTE.

Et si ce fils que vous avez, en brave père, si bien morigéné, avait fait pis encore que le mien ? Hé ?...

GÉRONTE.

Qu'est-ce que cela veut dire?

ARGANTE.

Cela veut dire, seigneur Géronte, qu'il ne faut pas être si prompt à condamner la conduite des autres et que ceux qui veulent gloser doivent bien regarder chez eux s'il n'y a rien qui cloche.

Un orateur justement célèbre, le Père Félix, s'écriait dernièrement: « Le bon sens, c'est le génie de l'humanité ! » je crois qu'il ne pensait guère à Molière en disant cela et cependant Molière le méritait bien.

La cinquième scène est d'un comique achevé, d'un tour extrêmement ingénieux, d'un effet nouveau alors au théâtre et qui depuis a été peu imité. Léandre furieux contre Scapin qu'il soupçonne d'avoir tout appris à son père, veut le frapper de son épée et lui faire confesser sa trahison. Scapin accusé d'une chose qu'il n'a pas faite, mais faisant un appel douloureux à sa conscience tant soit peu chargée, avoue coup sur coup qu'il a bu « certain petit quartaut de vin d'Espagne, après avoir fait une fente au tonneau et répandu du vin autour, pour faire croire que le vin s'est échappé; qu'il a retenu une petite montre que Léandre lui faisait porter à Zerbinette, et qu'à ce sujet il a inventé une belle histoire de voleurs; qu'enfin, il y a six mois, le loup-garou qui a donné tant de coups de bâton à Léandre, c'était lui. »

Ici je pourrais m'attendre à une objection. Scapin, dira-t-on, ne peut raisonnablement craindre d'être tué par Léandre. Donc les aveux qu'il fait sont de pure fantaisie; la vraisemblance exige qu'il ne les fasse pas et qu'il n'ait pas peur d'un acte qui serait un crime prévu par les lois. Raisonner ainsi, c'est prendre le temps passé pour le temps présent. Nous sommes, nous, en possession de la plus admirable institution humaine, l'égalité devant la loi. Du temps de Molière il n'en était pas ainsi et, entre autres exemples, en voici un que je trouve dans Grimarest. Les mousquetaires, les gardes du corps, les gendarmes et les chevau-légers entraient à la comédie sans payer. Molière obtint du Roi un ordre pour qu'aucune personne de sa maison ne fût dispensée de payer sa place. Mais ces Messieurs prirent cette mesure pour un affront, se rendirent en troupe au théâtre et le portier leur faisant résistance, ils le tuèrent à coups d'épée, chacun d'eux, en entrant, lui donnant le sien, dit Grimarest qui n'ajoute pas que l'affaire ait eu la moindre suite fâcheuse pour ces Messieurs de la maison du Roi. Vous voyez que Scapin a raison d'avoir peur et que Léandre peut fort bien le tuer sans plus de façon.

Par bonheur pour Scapin, on vient dire à Léandre qu'il va perdre pour jamais Zerbinette, si, dans deux heures, il n'a pas payé une somme convenue. Cette somme, Scapin seul peut la lui procurer. Contre-partie et jeu de scène toujours heureux. C'est maintenant Léandre qui supplie, qui implore Scapin, et Scapin de se faire longtemps prier. Il cède enfin et et nous touchons aux deux scènes les plus renommées de cette excellente comédie. Tout le monde sait comment Scapin obtient deux cents pistoles d'Argante et cinq cents écus de Géronte et le *que diable allait-il faire dans cette galère* du bonhomme Géronte vaut presque le *sans dot* de *l'Avare*.

Molière s'est appliqué à plaire à Louis XIV, afin d'obtenir de lui la liberté de dire la vérité aux hommes de son siècle, et c'est un des meilleurs titres de gloire de Louis XIV d'avoir donné à Molière cette liberté large et entière. Le moraliste n'a pas hésité à se faire courtisan, pour atteindre un noble but et pour flétrir avec énergie les abus et les vices de son temps. Voyez comme il parle de la manière dont se rendait la justice !

Eh ! Monsieur, dit Scapin à Argante qui veut plaider, de quoi parlez-vous là et à quoi vous résolvez-vous ? Jetez les yeux sur les détours de la justice. Voyez combien d'appels et de degrés de juridiction, combien de procédures embarrassantes, combien d'animaux ravissants par les griffes desquels il vous faudra passer ; sergents, procureurs, avocats, greffiers, substituts, rapporteurs, juges et leurs élèves. Il n'y a pas un de tous ces gens-là qui, pour la moindre chose, ne soit capable de donner un soufflet au meilleur droit du monde. Un sergent baillera de faux exploits, sur quoi vous serez condamné, sans que vous le sachiez ; votre procureur s'entendra avec votre partie et vous vendra à beaux deniers comptants. Votre avocat, gagné de même, ne se trouvera point lorsqu'on plaidra votre cause, on dira des raisons qui ne feront que battre la campagne et n'iront point au fait. Le greffier délivrera par contumace des sentences et arrêts contre vous. Le clerc du rapporteur soustraira des pièces, ou le rapporteur ne dira pas même ce qu'il a vu. Et quand, par les plus grandes précautions du monde, vous aurez paré tout cela, vous serez ébahi que vos juges auront été sollicités contre vous ou par des gens dévots, ou par des femmes qu'ils aimeront. Hé ! Monsieur, si vous le pouvez, sauvez-vous de cet enfer-là. »

Voilà un tableau dont les tons ne manquent pas de vigueur. Il faut remarquer qu'à cette époque la vénalité des charges privaient les fonctions judiciaires de la considération dont elles sont si justement honorées aujourd'hui. C'est un grand abus de les vendre, dit Figaro. Oui, répond Brid-oison, le petit fils d'un de ces juges que désignait Molière, on ferait mieux de les donner pour rien. Sans doute les choses sont bien changées depuis Molière et Beaumarchais. Non pas que ce soit tout plaisir aujourd'hui d'avoir des procès. Mais au moins, avec le bon droit pour soi, on a quelque chance de les gagner.

Nous pensons avoir démontré dans notre étude sur le *Mariage forcé* que Molière n'était pas savant à demi et qu'il avait dû compulser bon nombre d'indigestes volumes de philosophie scolastique. Souvent il avait avec Chapelle de longues et chaleureuses causeries sur des sujets philosophiques ; Molière était pour Descartes ; Chapelle pour Gassendi, le fervent disciple de la doctrine d'Epicure. La discussion allait parfois jusqu'à la dispute et Molière se plaignait d'user ses poumons, sans en être plus avancé. Dans plusieurs de ses comédies, dans le *Malade imaginaire* et notamment dans *Monsieur de Pourceaugnac*, il nous prouve qu'il a sérieusement étudié la médecine. Il n'y croyait pas, direz-vous. Raison de plus. Bien des médecins, qui savent beaucoup, n'y croient pas, peut-être par cette raison même qu'ils savent beaucoup. Maintenant dans les *Fourberies de Scapin*, Molière se montre excellent procédurier et n'oublie aucun des termes de pratique en usage au XVIIe siècle pour conduire à fin un procès.

Pour plaider, dit Scapin à Argante, il vous faudra de l'argent; il vous en faudra pour l'exploit; il vous en faudra pour le contrôle; il vous en faudra pour la procuration, pour la présentation, conseils, productions et journées de procureur ; il vous en faudra pour les consultations et plaidoieries des avocats, pour le droit de retirer le sac et pour les grosses d'écritures ; il vous en faudra pour le rapport des substituts, pour les épices de conclusion, pour l'enregistrement du greffier, façons d'appointement, sentences et arrêts, contrôle, signatures et expéditions de leurs clercs, sans parler de tous les présents qu'il vous faudra faire..... Quand il n'y aurait à essuyer que les sottises que disent devant tout le monde de méchants plaisants d'avocats, j'aimerais mieux donner trois cents pistoles que de plaider. »

Ce dernier trait n'est-il pas d'une grande vérité ? Que de parfaits honnêtes gens, fourvoyés dans un procès et forcés de s'entendre traiter de menteurs, de fripons et autres gentillesses par l'avocat de la partie adverse, se sont mordu les ongles en se disant : « que diable suis-je venu faire dans cette galère ? »

Pourceaugnac, lui aussi, est d'une certaine force sur les termes de procédure. Mais comme, en sa qualité de gentilhomme, il eût dérogé en étudiant quelque chose, il dit à Sbrigani que ces mots-là lui viennent sans qu'il le sache.

Je parlerai peu du troisième acte des *Fourberies de Scapin*. La seconde scène où Scapin fait croire à Géronte que des spadassins le cherchent pour le le tuer, en occupe une grande partie. A vrai dire Molière a prudemment agi en posant Géronte comme une espèce d'homme à qui l'on fera toujours croire ce que l'on voudra. Mais la crédulité de Géronte admise ou non, il n'en reste pas moins un effet scénique amusant, très en dehors, et dont la verve d'un bon acteur doit tirer un excellent parti.

La troisième scène entre Géronte et Zerbinette est la moins bonne de toute la pièce et je serais tenté de croire que Molière a développé le rôle de Zerbinette par complaisance pour l'actrice à qui il l'avait confié. Un acteur ne trouve jamais son rôle assez long. Que ne consulte-t-il le public !

Encore quelques scènes fort courtes et nous arrivons à un dénouement romanesque et amené par des moyens qui ne sont pas assez préparés. Une dernière fourberie de Scapin termine gaiement cette charmante comédie où domine sans cesse la qualité la plus rare et la plus exquise au théâtre, le naturel dans les conditions de l'art.

IV

J'ai voulu faire voir que le *Mariage forcé* et les *Fourberies de Scapin* sont des œuvres parfaitement dignes de l'attention réfléchie des esprits sérieux et je crois n'avoir pas besoin de transition pour dire que les comédies de Molière sont un excellent cours de philosophie. Pour moi, je n'en connais pas de meilleur. Il est vrai que la métaphysique en est presqu'entièrement supprimée. De ce côté si périlleux pour la raison humaine, Molière va jusqu'où le bon sens peut aller, sans craindre de s'égarer. Le bon sens, entre autres exemples, c'est Sganarelle disant à Don Juan dans la première scène du troisième acte du *Festin de Pierre* : « Je voudrais bien vous demander qui a fait ces arbres-là, ces rochers, cette terre et ce ciel que voilà là-haut et si tout cela s'est bâti de lui-même..... »

« Cela n'est-il pas merveilleux que me voilà ici et que j'aie quelque chose dans la tête qui pense cent choses différentes en un moment et fait de mon corps tout ce qu'elle veut ? »

Molière donne là, sous la forme d'une aimable et familière gaieté, des raisons convaincantes contre l'athéisme.

Mais c'est surtout l'esprit de conduite dont nous trouvons dans Molière d'excellentes leçons, les meilleures sans aucun doute qu'un livre de philosophie morale puisse offrir. Que de questions sont supérieurement traitées dans la première scène du *Misanthrope* ! L'amitié, la sincérité des relations, la coupable indulgence pour le vice, la rigidité excessive qui « veut aux mortels trop de perfection, » l'esprit du monde bien compris, dans une juste mesure, qui prescrit « d'être sage avec sobriété, » l'amour dominant la raison la plus ferme, l'âme la plus fière, Alceste enfin, n'est-ce-pas là renfermée en deux cents vers la matière philosophique de plusieurs volumes ? Sans doute Molière, ne perdant jamais de vue les exigences du théâtre, a donné un relief fortement accusé aux caractères de Philinte et d'Alceste, à ce point que tous deux, hommes honnêtes et du meilleur monde, ne sauraient être pris pour modèles, l'un non plus que l'autre. Mais pour avoir la proportion exacte du vrai et la perfection possible dans les rapports sociaux, il ne s'agit plus que d'ôter à Alceste un peu de sa rudesse sévère et emportée, à Philinte un peu de son égoïste et nonchalante douceur.

Les traits principaux du caractère humain sont la base des études psychologiques et par cela même appartiennent essentiellement au domaine de la philosophie. Molière les a peints avec la plus incontestable supériorité. Il a stygmatisé le vice avec une impitoyable énergie. L'avarice, l'égoïsme, la licence des mœurs, l'hypocrisie, l'orgueil, soit qu'il prenne les formes d'une sotte vanité, soit qu'il s'élève jusqu'à la négation de tous les devoirs et de Dieu lui-même, tous ces fléaux ennemis du progrès social, où peut-on les voir mieux personnifiés que par Harpagon, Arnolphe, Tartufe, M. Jourdain et Don Juan ? Vadius et Trissotin, des *Femmes savantes*, M. Lysidas, le poëte de la *Critique de l'École des Femmes*, les docteurs Pancrace et Marphurius, du *Mariage forcé*, M. Bobinet de la *Comtesse d'Escarbagnas,* sont des types parfaits de la sottise savante. Comme le marquis de la *Critique de l'École des Femmes* nous fait voir l'ignorant tout rempli d'un suprême contentement de soi ! Molière ne le nomme pas, ce marquis, et cependant, quand on l'a vu une fois, il est impossible de l'oublier. Il n'a qu'un mot pour juger toute chose, le mot *détestable ?* Pourquoi est-ce détestable ? Ne le lui demandez pas ; il n'en sait rien. C'est détestable, « parce que c'est détestable, » il ne sort pas de là. Mais il le dit si bien, ce mot, avec un si profond mépris de tout ce qui est science, littérature, travail d'esprit, que vous n'avez pas besoin de savoir comment il s'appelle pour le connaître entre mille. Avant de quitter le plat pays de l'ignorance vaniteuse et gonflée de prétention, accordons une simple mention à M. Thibaudier, l'amant-poëte de Madame la comtesse d'Escarbagnas.

Le rôle de la femme dans la société a été déterminé par Molière avec une justesse d'observation, une solidité de bon sens que nul moraliste n'a jamais dépassées. Avec quelle grâce les charmantes filles qui s'appellent Henriette, Marianne, Elise, Léonor parlent le langage du devoir et de la raison ! Avec quelle délicate réserve elles racontent leurs chastes amours ! C'est l'Elise de *l'Avare* que je viens de citer. Mais il est encore une Elise dans la *Critique de l'École des Femmes*, qui excelle à maintenir l'ironie fine et spirituelle dans les limites du goût le plus irréprochable. Madame Jourdain parle d'or. On ne contestera pas qu'une grande partie des devoirs de la femme ne soit renfermée dans ces vers que dit Chrysale, le trop faible mari de Philaminte ;

> Il n'est pas bien honnête, et pour beaucoup de causes,
> Qu'une femme étudie et sache tant de choses.
> Former aux bonnes mœurs l'esprit de ses enfants,
> Faire aller son ménage, avoir l'œil sur ses gens.
> Et régler la dépense avec économie,
> Doit être son étude et sa philosophie.

Non pas que Molière veuille que la femme soit ignorante. A un pareil reproche il répondait en présentant Agnès dont l'ignorance, pleine de charme et de naïve poésie, n'en démontre pas moins cruellement à M. de la Souche que sa façon de comprendre l'éducation des jeunes filles ne vaut rien.

Elmire est une adorable femme, élégante, d'un esprit juste, la première parmi les riches bourgeoises de son temps. Son irritable belle-mère, Madame Pernelle, l'accuse d'être dépensière :

> Quiconque à son mari veut plaire seulement,
> Ma bru, n'a pas besoin de tant d'ajustement.

Elmire est peu sensible à ces reproches. Elle aime les visites, les bals, elle sait qu'elle est belle et ne tient pas le moins du monde à déplaire aux gens. Elle entend avec étonnement, mais sans courroux, la déclaration amoureuse de Tartufe : « Un dévot comme vous, lui dit-elle !

> N'appréhendez-vous pas que je ne sois d'humeur.
> A dire à mon mari cette galante ardeur ?

Mais non. Elle croit qu'il vaut mieux taire ces choses là et blâme Damis qui fait un éclat :

> Oui, je tiens que jamais de tous ces vains propos
> On ne doit d'un mari traverser le repos ;
> Que ce n'est point de là que l'honneur peut dépendre.
> Et qu'il suffit pour nous de savoir nous défendre.
> Ce sont mes sentiments et vous n'auriez rien dit,
> Damis, si j'avais eu sur vous quelque crédit.

Ce sont bien là en effet les sentiments d'une honnête femme qui a de l'esprit et du bon sens, et quand on pense qu'Elmire est belle et charmante, en vérité on trouve Orgon plus heureux qu'il ne mérite et l'on s'indigne de le voir, à son retour de la campagne, s'occuper moins de la douleur de tête d'Elmire que du « teint frais et de la bouche vermeille de Tartufe. Le pauvre homme ! » Oh oui, le pauvre homme ! Mais ce n'est pas Tartufe, c'est Orgon.

Et maintenant si nous passons aux personnes de qui le caractère est mis sur la scène comme un exemple du mal et une leçon, nous voyons que toujours une punition plus ou moins sévère leur est infligée. Célimène, par sa froide coquetterie, perd l'amour d'un homme au cœur droit et passionné ; Dorimène, la marquise, et son digne amant, le comte Dorante sortent honteusement de la maison de M. Jourdain. « Je me moque de leur qualité, dit « Madame Jourdain ; ce sont mes droits que je « défends et j'aurai pour moi toutes les femmes. »

Voilà qui est parler ! « Je n'en puis plus, je me meurs, je suis mort, je suis enterré, s'écrie Harpagon, quand il a perdu sa chère cassette. » On emmène M. de Tartufe en prison et Don Juan est frappé du feu céleste.

On pourrait dire que pas une idée fausse, pas une infirmité sociale n'a échappé à l'attention de notre grand moraliste, et que la crainte de se brouiller avec les puissances de son temps ne l'a jamais arrêté. Nous savons comment il traite le ridicule et la fausse science chez les médecins. Le portrait que fait Béralde de M. Purgon au troisième acte du *Malade imaginaire* est un merveilleux chef-d'œuvre. Vous venez de voir dans le *Mariage forcé* comme il plaisante sur les subtilités de la philosophie scolastique et avec quelle force de raison éloquente il signale, dans les *Fourberies de Scapin*, les lenteurs et les abus de la justice, la rapacité et la corruption des juges. Il est encore un préjugé auquel Molière a porté les derniers coups, au risque de mécontenter Louis XIV. Je veux parler de l'astrologie. Richelieu et Mazarin y croyaient et consultaient fréquemment l'astrologue Jean Morin, Louis XIV y croyait aussi ; c'est assez probable ; car il avait à sa cour un astrologue qui touchait une pension de quatre mille livres. La cause de la vérité est à défendre, Molière n'hésite pas et écrit le troisième acte des *Amants Magnifiques*. Là, dans une scène très développée, il dit son fait à l'astrologie:

« L'astrologie est une belle chose..... Ce sont des choses les plus claires du monde..... Il faut n'avoir pas le sens commun. Le moyen de contester ce qui est moulé ! » Ces mots ironiques sont jetés dans le dialogue par Clytidas, rôle de plaisant de cour joué par Molière. Puis un des personnages de la pièce traite la question sérieusement et s'exprime ainsi : « Il n'est pas en ma puissance de concevoir comme on trouve écrit dans le ciel jusqu'aux plus petites particularités de la fortune du moindre homme. Quel rapport, quel commerce, quelle correspondance peut-il y avoir entre nous et des globes éloignés de notre terre d'une distance si effroyable? Et d'où cette belle science enfin peut-elle être venue aux hommes? Quel Dieu l'a révélée? » ....

Ainsi finit à Molière l'astrologie dont l'origine se perd dans la nuit des temps.

Depuis nombre de siècles une lutte dont il serait téméraire de prévoir la fin, existe entre la religion et la philosophie. Elles sont produites, dit M. Taine (1), par des facultés qui s'excluent réciproquement, et par des méthodes qui réciproquement se déclarent impuissantes. Molière n'a jamais pensé à faire de la polémique religieuse, non plus que philosophique. Il était cartésien, je l'ai dit, et se contentait de discuter avec Chapelle sur la philosophie. Quand à ses sentiments religieux, les deux sœurs de charité qui l'assistèrent à ses derniers moments en rendirent un touchant témoignage : Il mourut, dirent-elles, en bon chrétien et montra toute la résignation qu'il devait à la volonté du Seigneur. » Non, Molière eut toujours le plus grand respect pour la philosophie, ainsi que pour la foi religieuse. Mais il mérite d'être placé au premier rang parmi les hommes de génie, pour avoir montré du doigt à l'intelligence humaine la place qu'elle doit occuper dans ce monde. Que fait-il dire à Cléante dans le premier acte de Tartufe ?

> Les hommes, la plupart, sont étrangement faits,
> Dans la juste nature on ne les voit jamais.

Et plus loin, comme si Cléante s'adressait, non pas seulement à Orgon, mais à la foule encombrant de ses erreurs, de ses égoïstes ambitions et de ses vices, les moindres sentiers de la vie sociale :

> Vous ne gardez en rien les doux tempéraments.
> Dans la droite raison jamais n'entre la vôtre,
> Et toujours d'un excès vous vous jetez dans l'autre.

C'est alors que cette droite raison, c'est-à-dire le philosophe Molière lui-même, parle par la bouche de l'éloquent Cléante, de l'aimable et indulgent Ariste, de Clitandre, le terrible adversaire de M. Trissotin et de Dorante, écrasant sous le pied cette vipère dont l'espèce renaîtra toujours, l'homme de lettres crotté, envieux et méchant. Puis voulant faire voir qu'il pouvait s'élever au-dessus des limites imposées à la

---

(1) Nouveaux essais de critique et d'histoire.

vertu par l'imperfection des hommes, Molière créa son immortel *Misanthrope*, Alceste, qui, suivant une heureuse définition de M. Cousin, représente l'excès dans la passion de la vérité et de l'honneur.

S'il est incontestable que la philosophie morale occupe une large place dans l'œuvre de Molière, on peut admettre cette conséquence que c'est surtout par ce côté qu'après deux siècles, cet œuvre presque entier se maintient au répertoire avec une grande autorité. La force de la tradition et les sages règlements qui assurent aux maîtres de la scène française un certain nombre de représentations chaque année, ne figurent là pour rien. On joue souvent les pièces de Molière par la raison très simple qu'elles plaisent au public et lui offrent à la fois un plaisir et un enseignement, un amusement et une leçon. Ici, à vrai dire, le poëte comique est venu en aide au philosophe pour rendre la leçon attrayante. En écoutant le *Misanthrope*, le *Tartufe*, l'*Avare* ou les *Femmes savantes*, l'esprit reçoit plus qu'une impression fugitive qui s'efface presque entière, une fois le rideau baissé et la rampe éteinte. Il se prend à réfléchir après la pièce jouée ; il commente le plaisir qu'il a éprouvé, recueille, comme un bien qu'il vient d'acquérir, de nombreuses observations pleines de justesse et de vérité sur le cœur humain et apprend ainsi à voir les hommes non seulement tels qu'ils sont, mais aussi tels qu'ils devraient être. C'est pour cela qu'aujourd'hui encore le Théâtre Français s'appelle la maison de Molière, et c'est le philosophe, le profond moraliste, plus encore que le poëte comique, qu'on a voulu désigner comme le maître de cette noble maison que visitent Racine et Corneille et où l'honneur d'être reçu est la plus haute ambition des auteurs dramatiques de notre temps.

Imprimerie HENRY LEFEBVRE, à Compiègne.

Printed by Libri Plureos GmbH in Hamburg, Germany